DINGE, DIE DAS LEBEN REICHER MACHEN

VOM UNBEZAHLBAREN GLÜCK DES ALLTAGS

GROH

GLÜCK KANN MAN
NICHT KAUFEN.
GLÜCK WIRD GEBOREN.

Manchmal müssen wir sie uns einfach nur vor Augen führen – all die „Dinge“ im Leben, die jeder von uns bereits „besitzt“. Dinge, die das Leben reicher machen und nichts kosten. Die man auch gar nicht kaufen kann. Das sind nicht nur die großen und kleinen Glücksmomente in unserem Alltag, sondern vor allem auch wertvolle Erfahrungen, die wir im Laufe unseres Lebens machen. Dinge, die wir schon von klein auf lernen und Dinge, an denen wir wachsen.

So erkennen wir als Leser, was für eine „Reise“ wir bereits hinter uns haben, was wir in unserem Leben alles gelernt haben und noch lernen können. Wir erfahren, wie reich jeder einzelne von uns ist, wie glücklich wir uns schätzen können – und wie schön es ist, zu LEBEN!

(VON DER ERSTEN MINUTE AN.)

DICH GEBORGEN FÜHLEN

WO AUCH IMMER DU GERADE BIST.

DEINE STIMME ERHEBEN

Schreien ist in den ersten Lebensmonaten dein stärkstes Ausdruckmittel. In den nächsten Monaten lernst du viel über Stimmen, Ausdruck und Sprache. Mit etwa einem Jahr kannst du schon etwa 50 bis 100 Wörter verstehen und du beginnst, die ersten Wörter zu plappern. Später erkennst du, wieviel Kraft Wörter haben und dass deine Stimme zählt.

ZUM ALLERERSTEN MAL.

FÜR JENE, DIE NICHT
FÜR SICH SELBST
SPRECHEN KÖNNEN.

CHARAKTER HABEN

Schon als Neugeborenes bringst du eine bestimmte Grundpersönlichkeit mit auf die Welt. Psychologen nehmen an, dass mindestens die Hälfte deiner späteren Persönlichkeit in deinen Genen verankert ist. Je älter du wirst, desto mehr zeigt sich dein Charakter.

Wenn du zwischen drei und vier Jahren bist, kann man dein Temperament schon ziemlich genau erkennen. Deine Grundpersönlichkeit behältst du in aller Regel. Aber Lebensumstände beeinflussen dein Wesen und können es natürlich verändern. So auch der Name „Charakter“, der aus dem Griechischen kommt und so viel bedeutet wie Prägung oder Kerbung. Neurobiologen bestätigen, dass sich dein Gehirn in einem ständigen Auf- und Umbau befindet.

LAUFEN

ERST LANGSAM.

DANN IMMER SCHNELLER.

BARFUSS.

MANCHMAL AUCH
AUF UND DAVON.

AN DER OBERFLÄCHE KRATZEN

UND IMMER TIEFER DRINGEN.

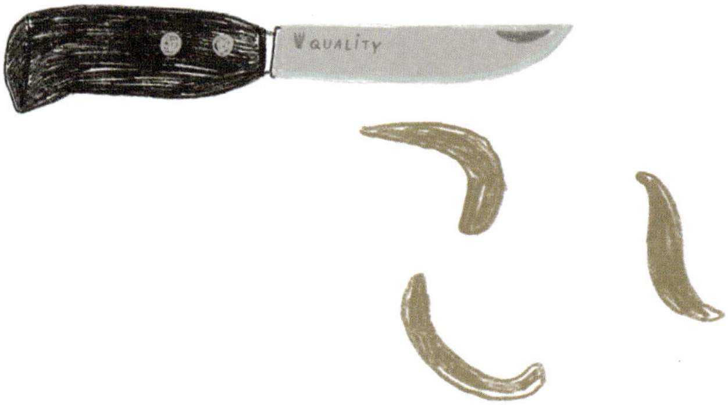

MIA
JOHA
NNES

GEFUNDEN WERDEN

VON ABENTEUERN.

VON MAMA UND PAPA.

VON DIR.

ZURÜCKLÄCHELN

Lächeln ist dir angeboren. In den ersten Lebenswochen lächelst du noch reflexhaft, bevor du es ganz bewusst zeigen kannst. Als Kind lachst du bis zu 400-mal täglich, als Erwachsener rund 15-mal. Vom Gesicht bis zum Bauch sind fast 300 verschiedene Muskeln aktiv, wenn du lachst.

ENGELSGLEICH.

GANZ SPONTAN.

FRÜH MORGENS.
(MIT ALLEN FALTEN,
DIE DAZUGEHÖREN.)

FESTHALTEN

Der Greifreflex ist dir angeboren.
Nach und nach lernst du, Dinge
willentlich festzuhalten.

AN DEM, WAS DIR WICHTIG IST.

LOSLASSEN

Etwa im 10. Lebensmonat beginnst du, Dinge fallen zu lassen. Es macht dir so großen Spaß, dass du es andauernd tust. Du lernst dabei, Dinge zu halten und loszulassen. Wenn du groß bist, wird das Loslassen nicht immer so leicht sein.

AUCH WENN ES SCHWERFÄLLT.

STAUNEN

Von Anfang an erkundest du die Welt und beobachtest alles ganz genau. Schauen, staunen – was du dabei alles lernst! Für Aristoteles ist Staunen der Beginn des Philosophierens. Bleibe ein Philosoph dein Leben lang …

IMMER WIEDER AUFS NEUE.

IM LEBEN STEHEN

Bevor du stehen lernst, braucht es viele Versuche. Und auch später kannst du noch fallen. Die Kunst ist nur, jedes Mal wieder aufzustehen.

MANCHMAL WACKELIG.

MIT ETWAS HILFE.

MITTEN DRIN.

WILLKOMMEN SEIN

VERZEIHEN KÖNNEN

DENEN, DIE DIR AM NÄCHSTEN SIND.

(UND MANCHMAL AUCH ANDEREN.)

UM VERGEBUNG BITTEN

AUFRICHTIG.

AUS TIEFSTEM HERZEN.

ZEIT

Als Kind hast du ein anderes Zeitgefühl. Du lebst im Hier und Jetzt. „Bald“, „gleich“ und „eine Stunde“ bedeuten dir noch nichts. Erst später wirst du das Konzept „Zeit und Zeitdauer“ verstehen, das eine Erfindung unserer Gesellschaft und Kultur ist.

DAVON HAST DU REICHLICH.
(MEISTENS SPIELST DU.)

WO RAST SIE HIN?

SIE IST DA. NIMM SIE DIR.

WENiGER

(IST MANCHMAL MEHR.)

Vilfredo Pareto kennen nur wenige, mehr vielleicht das nach ihm benannte Paretoprinzip. Es besagt, dass einige wenige kleine Dinge eine große Wirkung haben, viele andere sind dagegen nicht effektiv. Oder anders gesagt: 80% deiner Arbeitsergebnisse erreichst du in nur 20% deiner Zeit. Die verbleibenden 80% deiner Zeit verbringst du damit, auf die 100% hinzuarbeiten. Vielleicht müssen die Dinge ja nicht immer perfekt sein, was meinst du?

ETWAS PFLANZEN

SONNE IM HERZEN HABEN

DEN REGEN REGEN
SEIN LASSEN.

ERINNERN

Als Kind erinnerst du dich häufig an verblüffende Details, die dir als Erwachsener gar nicht (mehr) auffallen. Deine ersten Erinnerungen an die eigene Kindheit stammen in der Regel aus dem 3. oder 4. Lebensjahr. Vermutlich, weil du sie dann auch sprachlich „verankern“ kannst. Die Forschung nimmt an, dass wir frühestens ab 18 Monaten fähig sind, uns zu erinnern. Fange so viel schöne Momente ein, wie es dir möglich ist …

AN VIEL ZU VIEL.

EIN ENORM WICHTIGES.

AN ALL DIE
GUTEN ZEITEN.

MUT

... BEDEUTET NICHT IMMER DIE ABWESENHEIT VON ANGST.

ES BEDEUTET, DASS ETWAS IN DIR IST, DAS GRÖSSER IST ALS DEINE ANGST.

VERTRAUEN HABEN

ETWAS WARMES.

DICH TRAUEN

ERFRISCHEND.

FLÜGEL

Der Traum vom Fliegen ist einer der ältesten Träume der Menschheit. Er reicht viele tausend Jahre zurück. In der Antike galt das Fliegen meist als Privileg der Götter. Mit dem Drachen schufen wir Menschen dann das erste Fluggerät. In der Renaissance entwarf Leonardo da Vinci (1452–1519) verschiedene Flugzeuge. Dazu beobachtete er die Vögel beim Fliegen. Er gilt heute als Vater der Bionik. Das ist die Wissenschaft, die Phänomene aus der Natur auf die Technik überträgt. Es brauchte noch viele verschiedene Modelle, Versuche, Pioniere und Pionierinnen, bevor wir Menschen den Himmel erreichten.

DIR FREIRÄUME SCHAFFEN

TRÄUMEN

Als Kind träumst du am intensivsten. Jeden Tag entdeckst du etwas Neues und erfindest fantastische Welten. Deine Eindrücke verarbeitest du in kunterbunte Träume. (Verlerne es nicht.)

VON DEM, WAS GEWESEN IST.

VON DEM,
WAS NOCH SEIN
KÖNNTE …

LACHEN

VOR LAUTER GLÜCK.

WEINEN

VOR LAUTER LACHEN.

DIE WELT ENTDECKEN

Als Kind ist dein Entdeckerdrang und Forschergeist nahezu unerschöpflich. Du willst wissen, wie die Welt „funktioniert“. Warum die Dinge sind, wie sie sind. Und wieso. Und weshalb. Bleibe ein Forscher dein Leben lang.

NACH HAUSE KOMMEN

DEM SCHÖNSTEN ORT DER WELT.
DER MEISTENS GAR KEIN ORT IST,
SONDERN EIN MENSCH. ODER VIELE.

ALLEINE SEIN KÖNNEN

WENN DIR DANACH IST.

DAS MEER RAUSCHEN HÖREN

WANN IMMER DIR DANACH IST.

PHANTASIE

Irgendwann im Laufe des dritten Lebensjahres setzt sie ein, die „magische Phase“: In deiner kindlichen Vorstellung ist jetzt alles möglich. Osterhasen, Supermänner, Elfen und Feen sind genauso „real“ wie Mama, Papa oder die Kindergärtnerin. Deine Gedanken sind herrlich frei, Königin Phantasie kennt keine Grenzen. Du lernst dabei, dein Leben und deine Umwelt zu ordnen und strukturieren. Ab dem 5. Lebensjahr reagiert dann zunehmend die Vernunft. (Lass ihr nicht immer die Oberhand.)

FANTASIE MIT „PH“ SCHREIBEN.

ES MUSS NICHT IMMER ALLES SINN MACHEN. MANCHMAL REICHT ES SCHON, WENN ES SPASS MACHT.

DIE WELT EINMAL DRAUßEN LASSEN

AUS SICH HERAUSGEHEN

EIN OPTIMIST SEIN

WAS ALLE GUTEN
PROGNOSEN ANGEHT.

EIN PESSIMIST SEIN

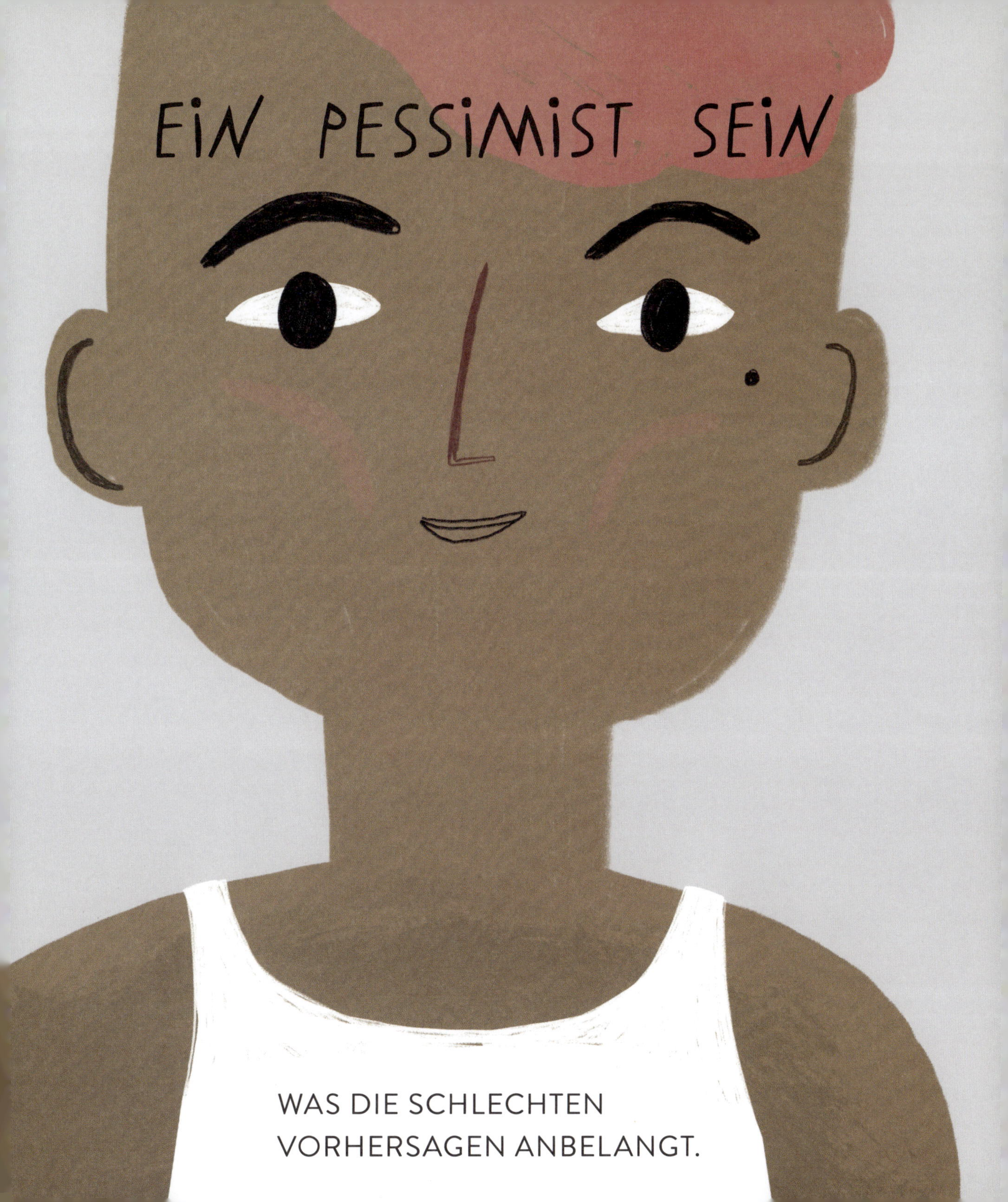

WAS DIE SCHLECHTEN
VORHERSAGEN ANBELANGT.

NATUR

Sie ist ein elementares Bedürfnis von uns Menschen, sagt die Gehirnforschung. Die Natur beruhigt, sie macht uns ausgeglichen und zufriedener. Wir sind ein Teil von ihr. Als Kind lernst du im freien Spiel draußen unter Bäumen, inmitten von Pflanzen und Tieren Empathie und Kreativität. Du erfährst Lebensfreude. Manchmal reicht dir schon ein Stück Brachland.

BESCHÜTZEN, WAS DU LIEBST

DEINE (KLEINE) WELT.

DAS GRUNDGESETZ

Nach diesem sind wir alle vor dem Gesetz gleich. Deine Würde ist unantastbar, du hast Recht auf Freiheit und Gleichheit. Nicht alle werden so hineingeboren. Du hast Glück. (Auch wenn du noch lange nichts davon ahnst.)

IN DEN FRIEDEN ZIEHEN

(KOMMST DU MIT?)

DEINE EINSTELLUNG ÄNDERN

Deine Erfahrungen, die Menschen in deinem Leben und zunehmend auch die Medien prägen deine innere Einstellung. Sie ist so etwas wie eine Brille, die deinen Blick auf die Welt filtert. Sie muss aber nicht immer wahr sein und manchmal passt sie dir auch nicht (mehr). Vielleicht ist sie zu düster, zu rosarot, zu schwarz, zu weiß ... Es lohnt sich, deine Einstellung hin und wieder zu überprüfen. Die „richtige" Einstellung macht zufriedener und das Leben schöner.

WENN SIE DIR ZU „KLEINLICH" GEWORDEN IST.

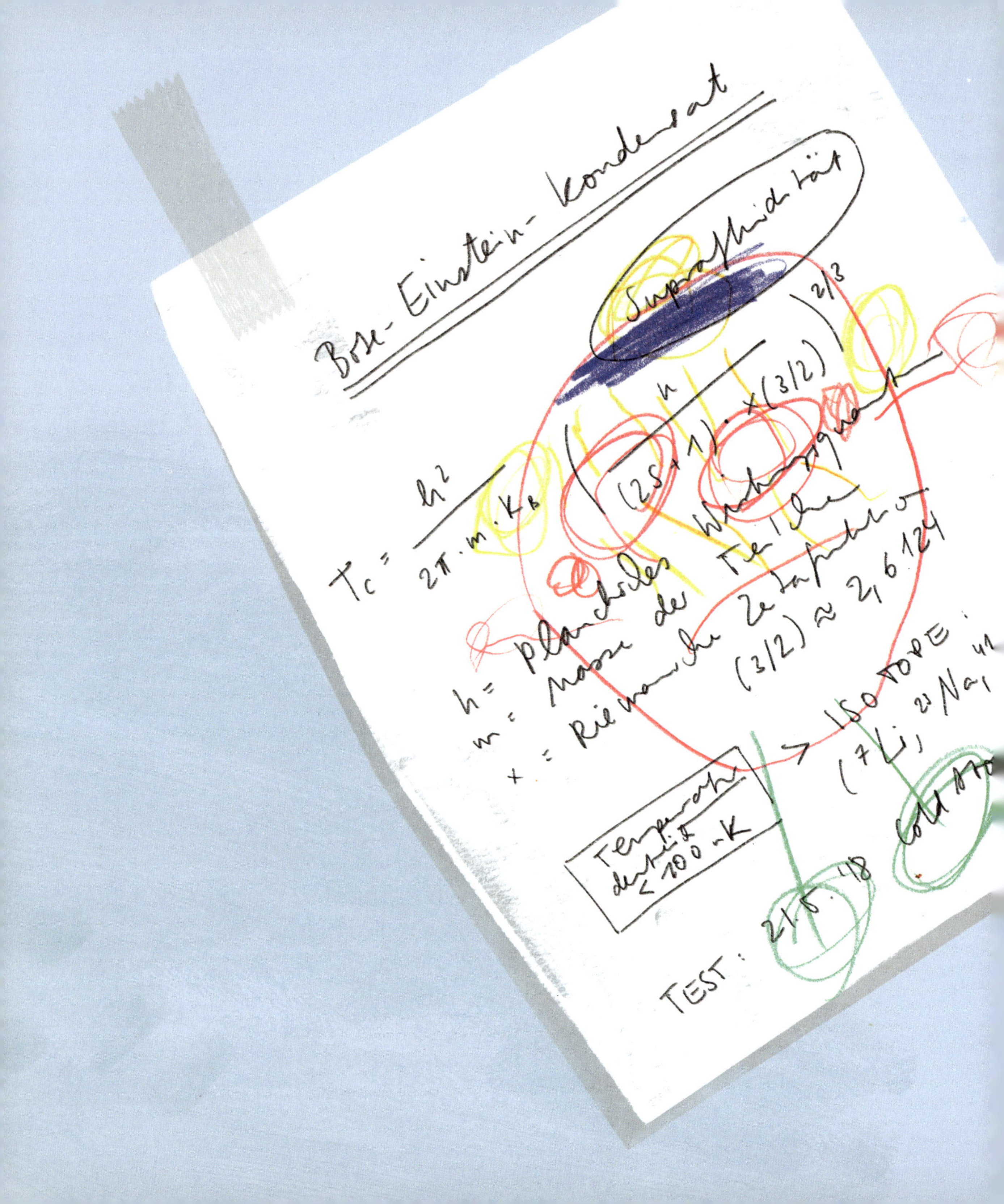
Bose-Einstein-Kondensat
Suprafluidität
Tc = h² / 2π · m · KB
n
(2S+1) · x(3/2)
2/3
h = planckscher Wirkungsquantum
m = Masse der Teilchen
x = Riemannsche Zetafunktion
(3/2) ≈ 2,6124
→ ISOTOPE:
Temperatur deutlich < 100 nK
TEST: 21.5.'18

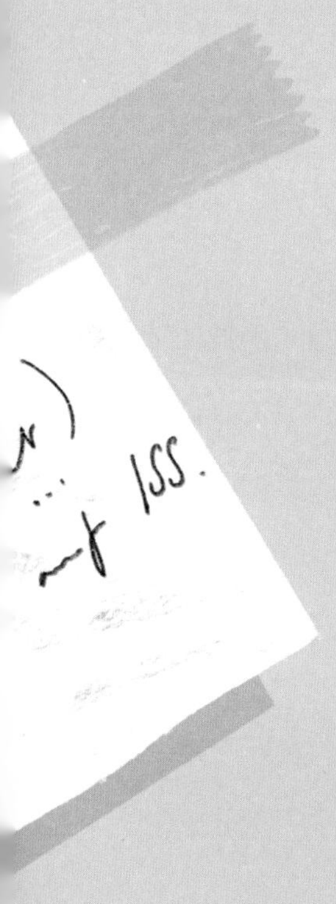

EINEN GENIALEN EINFALL HABEN

FRIEDE, FREUDE, EIERKUCHEN

(DIE VON MAMA.)

Statt Sorgen einfach mal Pfannkuchen machen.

FREUNDSCHAFT

Schon als Baby lachst und jauchzt du, wenn du andere Kinder siehst. Sobald du gehen kannst, läufst du ihnen gerne hinterher. Deine Begegnung mit Kindern ist anders als die mit Erwachsenen. Sie ist besonders. Deine ersten „wirklichen“ Freundschaften schließt du ab etwa 3 Jahren. Als Kind spürst du intuitiv, dass deine eigene Person in einer Freundschaft wächst.

ETWAS ZUM ERSTEN MAL TUN

(WANN HAST DU ZULETZT ETWAS ZUM ERSTEN MAL GEMACHT?)

DICH SELBST FINDEN

UND DIR TREU BLEIBEN

TOLERANZ

... macht glücklich. Je mehr wir einander mit all unseren Eigenheiten und Besonderheiten akzeptieren und annehmen können, desto zufriedener sind wir auch mit uns selbst, belegen Studien. Als Kind bist du von Natur aus tolerant: Bis etwa zu deinem dritten Lebensjahr beurteilst du Menschen nicht nach ihrem Aussehen, ihrer Herkunft oder ihrem Status, sondern allein danach, wie sie sich dir gegenüber verhalten. Bleibe neugierig und bewahre dir so viel von dieser Offenheit, wie du nur kannst.

DEIN ERSTER KUSS

VON MAMA.

MIT SCHOKO.

MIT KRIBBELN.

IN BEWEGUNG BLEIBEN

Bewegung fördert deine körperliche, geistige und psychosoziale Entwicklung. (Anfangs auch die deiner Eltern und Großeltern.) Damit du deinen natürlichen Bewegungsdrang ausleben kannst, brauchst du ausreichend Bewegungsräume.

WIEDER AUFSTEHEN

Du bist heute der, der du bist, nicht weil du niemals gefallen bist, sondern weil du jedesmal wieder aufgestanden bist.

ERFAHRUNGEN SAMMELN

Etwas, das dir niemand vermitteln kann. Das kannst nur du allein. (Mögen viele schöne dabei sein.)

ETWAS VERSCHENKEN

MAUERN EINREIßEN

Im freien Spiel beginnst du, dreidimensional zu bauen. Am liebsten machst du die Burgen und Türme wieder kaputt. Du lernst viel über Statik, physikalische Gesetze, die Beziehung zwischen Ursache und Wirkung, das Prinzip des Gleichgewichts, der Übertragung, den Dominoeffekt und die Trägheit. Später lernst du, dass es nicht immer so leicht ist, Mauern einzureißen.

FRÜH ÜBST DU.

WAS DU ALLEINE NICHT SCHAFFST, SCHAFFEN WIR GEMEINSAM.

PLÄNE MACHEN

UND WIEDER
VERWERFEN KÖNNEN.

(MEISTENS KOMMT ES DOCH
ANDERS ALS DU DENKST.)

SPONTAN SEIN

Als Kind denkst du nicht an Heute oder Morgen. Jetzt ist die Zeit, etwas zu tun. Gleich, sofort. Mit völliger Hingabe und purer Freude – ohne Wenn und Aber. Überrasch dich selbst mal wieder ...

(EINFACH MACHEN.)

Freiheit
DICH TREIBEN LASSEN

„ICH FÜHL WIE DU“

DENKEN UND SAGEN.

Deine Trotzphase (ab etwa zwei Jahren) ist der erste Meilenstein auf dem Weg zu Mitgefühl und Empathie. Denn du entwickelst ein Bewusstsein für dein „Ich“, deine eigenen Wünsche und Vorstellungen. Je mehr du dir selbst bewusst wirst, desto mehr nimmst du auch die „Anderen“ wahr. Empathie wird nicht vererbt. Du lernst sie vor allem durch Vorbilder wie deine Eltern und Bezugspersonen. (Sei du selbst ein Vorbild dein Leben lang.)

EIN GUTES GESPRÄCH

MITEINANDER
SCHWEIGEN KÖNNEN.

LESEN UND SCHREIBEN

Am Anfang sind es Laute: A wie Apfel oder B wie Bimmelbahn; Vokale und Konsonanten. Dann bekommen sie einen eigenen Buchstaben. Bis du ganze Wörter und Sätze schreiben und lesen kannst, dauert es noch eine Weile. Das ist wie so vieles später im Leben auch: Dran bleiben und den Spaß dabei nicht verlieren.

JEDESMAL, WENN DU ES TUST, ÖFFNEST DU DIR NEUE RÄUME UND WISSENSWELTEN.

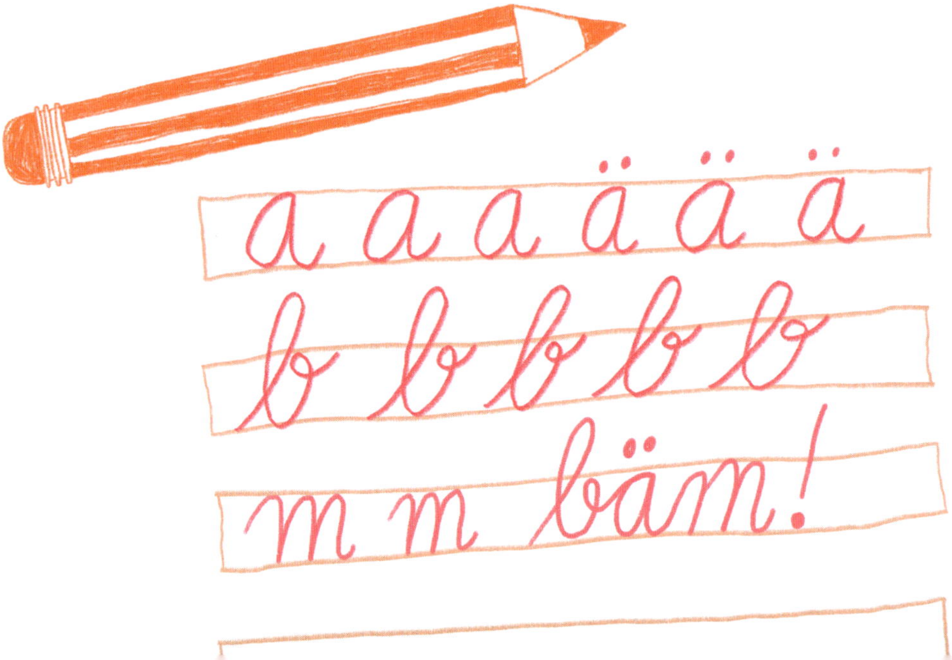

HELDEN UND HELDINNEN HABEN

Mit Harry, Ron und Hermine die Welt ein bisschen besser zaubern, im Klassenzimmer fliegen, Plutimikation mit Pippi lernen und neue Freunde fürs Leben gewinnen. (Später sind es vielleicht mutige Menschen, die die Welt positiv veränderten, kluge Wissenschaftler oder Künstler, die dich beeindrucken.)

EINANDER HELFEN

Solange du klein bist, ist Helfen für dich ganz selbstverständlich. Das bestätigt eine entwicklungspsychologische Untersuchung, in der Kinder im Alter zwischen 1 und 2 ½ Jahren beobachtet wurden. Du hebst Sachen auf, die jemandem heruntergefallen sind oder holst etwas, wenn man dich darum bittet. Später sieht das anders aus. Wie hilfsbereit du jetzt bist, hängt davon ab, wie sehr deine Familie, Lehrer und Gesellschaft dir vorleben, einander beizustehen. (Wenn wir groß sind, können wir uns selbst einmal beobachten. Es ist nie zu spät, dazuzulernen.)

HOFFEN

WENN ETWAS GUT WERDEN KANN.

GLAUBEN

DASS ES GUT WIRD.

TUN

WAS WIR KÖNNEN,
DAMIT ES GUT WIRD.

„WEIßT DU NOCH …?!“

ZU JEMANDEM SAGEN.

UND GEMEINSAM ZU LACHEN.

LiEBEN

EIN GANZES LEBEN LANG.

Text: GROH Redaktion

Illustrationen & Buchgestaltung: Mareike Engelke
vermittelt durch die Agentur Susanne Koppe,
www.auserlesen-ausgezeichnet.de

Aus Verantwortung für die Umwelt hat sich die Verlagsgruppe Droemer Knaur zu einer nachhaltigen Buchproduktion verpflichtet. Der bewusste Umgang mit unseren Ressourcen, der Schutz unseres Klimas und der Natur gehören zu unseren obersten Unternehmenszielen.

Gemeinsam mit unseren Partnern und Lieferanten setzen wir uns für eine klimaneutrale Buchproduktion ein, die den Erwerb von Klimazertifikaten zur Kompensation des CO_2-Ausstoßes einschließt.

Weitere Informationen finden Sie unter:
www.klimaneutralerverlag.de

Dinge, die das Leben reicher machen
Vom unbezahlbaren Glück des Alltags
ISBN 978-3-8485-2480-8

www.groh.de

FSC
www.fsc.org
MIX
Papier aus verantwortungsvollen Quellen
FSC® C020056

1 2 3 4 5